Ottfried Hafner

Erzherzog Johann

Sein Leben in Bildern

Weishaupt-Verlag

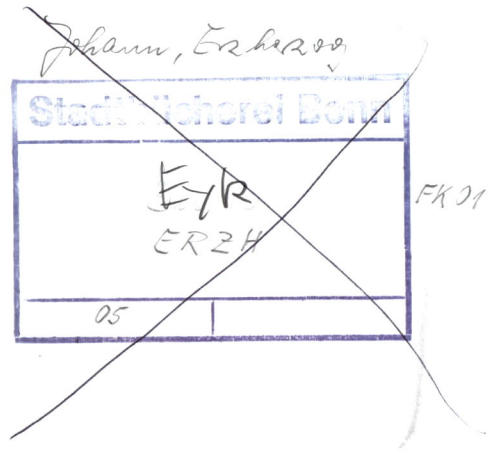

Dieses Buch wurde in einer limitierten Auflage von 666 numerierten und 66 vom Autor signierten Exemplaren hergestellt.

Titelbilder:
Oben links: Erzherzog Johann von Österreich († 1859), Lithographie von Josef Kriehuber.
(NB 500.228)
Oben rechts: Josef Kriebuber, Lithographie. (Landesmuseum Joanneum KB 3519)
Unten: Die Wiener Revolutionäre huldigen Erzherzog Johann, Mai 1848.
Lith. von Karl Lanzedelly. (NB 505.237)

ISBN 3-7059-0015-3
1. Auflage 1995
© Copyright by Herbert Weishaupt Verlag, A-8342 Gnas,
Tel: 03151-8487, Fax: 03151-2024.
Sämtliche Rechte der Verbreitung — in jeglicher Form und Technik —
sind vorbehalten.
Druck: M. Theiss, A-9400 Wolfsberg.
Printed in Austria.

Inhalt

Verzeichnis der Bilder	4
Register	5
Von Mauer zu Mauer	6
Später Besuch	6
Die Kulturkämpfer	7
Freimaurerzeit	7
Kulturkampf in Steiermark	9
Erzherzog Johann und die Frauen	10
Der „Hausmann"	11
Denkmalbildung	13
Mann ohne Residenz	14
Sein Leben in Bildern	15
Porträts	15
Zeitgenossen	33
Stätten seines Lebens	53

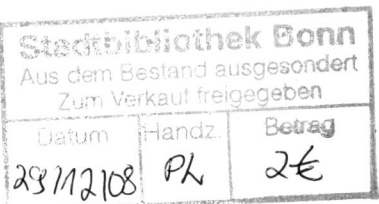

Verzeichnis der Bilder

Erzherzog Johann als Knabe, nach H. Löschenkohl, S. 15

Kaiser Leopold II., Bildnis im Krönungsmantel, S. 16

Maria Ludovica, Infantin von Spanien, S. 17

Erzherzog Johann, 1804, S. 18

Erzherzog Johann, nach einem Gemälde von J. Hikel, S. 19

Erzherzog Johann, Aquarell-Miniatur von J. B. Isabey, S. 20

Erzherzog Johann, Lithographie von J. Kriehuber, S. 21

Erzherzog Johann mit Gattin, Stich von G. Alboth, S. 22

Erzherzog Johann mit Familie, Lithographie von V. Schertle, S. 23

Erzherzog Johann, Lithographie von E. Kaiser, S. 24

Erzherzog Johann mit seinem Sohn, Lithographie von J. Kriehuber, S. 25

Erzherzog Johann, Lithographie von J. C. Hofrichter, S. 26

Erzherzog Johann im Rahmen historischer Ereignisse, Strichlithographie, S. 27

Erzherzog Johann, Lithographie von A. Prinzhofer, S. 28

Erzherzog Johann als deutscher Reichsverweser, Lithographie von J. Stadler, S. 29

Erzherzog Johann als deutscher Reichsverweser, Lithographie von J. Kriehuber, S. 30

Erzherzog Johann in Uniform, Lithographie von J. Kriehuber, S. 31

Erzherzog Johann, Photolithographie von H. Sommer, S. 32

Franz II., römisch-deutscher Kaiser, S. 34

Franz I., Kaiser von Österreich, S. 35

Ferdinand I. („der Gütige"), Kaiser von Österreich 1835–1848 (nach L. Mühlbach, Erzherzog Johann und seine Zeit), S. 36

Franz Joseph I., Kaiser von Österreich 1848–1916, Lithographie von F. Eybl, 1850, S. 37

Andreas Hofer, Lithographie nach einem Gemälde von F. Altmutter, S. 38

Napoleon Bonaparte, S. 39

Johannes von Müller, Lithographie von T. Hurter, S. 40

Joseph von Hormayr, Stich von Benedetti, S. 41

Karl August, Großherzog von Sachsen-Weimar, Stich von J. H. Lips, S. 42

August von Kotzebue, S. 43

Clemens Fürst von Metternich, Lithographie von F. Lieder, S. 44

Anton Graf Prokesch-Osten, Porträt von J. Tunner, S. 45

Felix Mendelssohn-Bartholdy, Stahlstich von A. Weger, S. 46

Der Herzog von Reichstadt, Gemälde von M. Daffinger, S. 47

Richard Wagner, nach einem Gemälde von C. Willich, S. 48

Otto von Bismarck, Lithographie von A. Schubert, S. 49

Johann Ladislaus Pyrker, Lithographie von J. Kriehuber, S. 50

Richard Peinlich, Lithographie von T. Mayerhofer, S. 51

Friedrich Wilhelm Herschel, Foto S. Williams, S. 52

Palazzo Pitti, Florenz, S. 54

Schloß Keszthely am Plattensee, S. 55

Haus Rusterholzer, Mariahilferstraße 12, Graz, S. 55

Stift Neuberg an der Mürz, S. 56, 57

Stift Pöllau, Oststeiermark, S. 58

Haus Fallenstein, Gußwerk bei Mariazell, S. 58

Der ehemalige Garten des Joanneums, nach Passini, 1865, S. 59

Das Joanneum in Graz, Raubergasse, S. 59

Erzherzog Johann wird in Thernberg von Kindern begrüßt, 1817, kolorierte Umrißradierung von J. Gauermann, S. 60

Erzherzog Johann am Fuße des Ankogels, 1827, von M. Loder, S. 60

Aussee, Lithographie von J. Alt, S. 61

Erzherzog Johanns Begegnung mit Anna Plochl, S. 61

Kronprinz Ferdinand stellt seine Braut dem Kaiserhaus vor, S. 62

Der Erzberg bei Eisenerz nach M. Loder, S. 63

Markt Vordernberg (nach J. F. Kaiser), S. 64

Hochofen des Radwerkes 10 in Vordernberg, S. 64

Vordernberg, Gebäude der ehemaligen Montanlehranstalt, S. 65

Das Wohnhaus des Erzherzogs in Vordernberg, S. 65

M. Loder, Hochofen-Anstich in Vordernberg, S. 66

Das „Prinzenamtshaus" in Vordernberg, der spätere Verwaltungssitz des Erzherzogs, S. 66

Stift Göß bei Leoben, S. 67

Der Glöckelhof in Trofaiach, S. 67

Stift Seckau in Obersteier, ab 1823 Sitz der Radmeistercommunität (zeitgenössische und gegenwärtige Ansicht), S. 68

Der Brandhof, Sommersitz Erzherzog Johanns, S. 69

Erzherzog Johann mit Familie vor Gut Brandhof, Zeichnung von M. Lesznik, S. 69

Stift Stainz, Weststeiermark, S. 70

Erzherzog Johann mit Familie vor seinem Grazer Palais, S. 71

Graz, Palais Meran, Leonhardstraße 15, S. 71

Thomas Ender, Motiv von der Rußland-Reise des Erzherzogs am Schwarzen Meer, 3. Oktober 1837, S. 72

Das Haus Klosterwiesgasse 6, das erste Kinderspital von Graz, S. 72

Die Kirche von St. Josef ob Stainz, S. 73

Schloß St. Johann ob Hohenburg, S. 73

Innenaufnahme der Kirche St. Josef ob Stainz, S. 74

Innenaufnahme der Kirche St. Johann ob Hohenburg, S. 75

Die Paulskirche in Frankfurt am Main, Ansicht von 1848, S. 76

Einzug des Erzherzogs als Reichsverweser in Frankfurt, 11. Juli 1848, nach einer Zeichnung von Elliot, S. 77

Das Mausoleum in Graz, S. 78

Das Denkmal für Erzherzog Johann in Graz, Hauptplatz, von Franz Pönninger, 1878, S. 79

Erzherzog Johann, Reiterbildnis mit einer Gruppe von Kavalleristen, Lithographie von F. Zalder, S. 80

Die Wiener Revolutionäre huldigen Erzherzog Johann, Mai 1848, S. 80

Hinweise zu den Bildquellen:
KF = Dr. Karl Fanta, Deutschlandsberg
LMJ = Landesmuseum Joanneum, Bild- und Tonarchiv, Graz
NB = Bildarchiv der Österreichischen Nationalbibliothek, Wien
WV = Weishaupt-Verlag, Gnas

Register

Alboth, G. 22
Alt, Jakob 61
Altmutter, Franz 38
Amon, Karl 11
Ankogel 60
Attems, Fürstbischof 9
Aussee 61

Benedetti, Tommaso 35, 41
Bermann, Joseph 32
Bismarck, Otto von 7, 49
Bolzano, Bernhard 9
Brandhof 6, 9, 11, 12, 50, 69

Clerck, Jakob Friedrich 16

Daffinger, Moritz Michael 28, 47
Diog, Felix Maria 40

Eisenerz 63
Elliot, L. V. 77
Ender, Th. 72
Erzberg 9, 63
Eybl, Franz 37

Fallenstein 11, 58
Ferdinand I. 36
Ferdinand II., Kaiser 13, 14
Ferdinand, Kronprinz 62
Fesl, Michael Josef 9
Florenz 6, 54
Frankfurt am Main 6, 7, 76
Franz II. (I.), Kaiser 34, 35
Franz Joseph I., Kaiser 37
Französische Revolution 7

Gauermann, Jakob 60
Girardi, Alexander 6
Glöckelhof 12, 67
Goethe, Johann Wolfgang von 13, 42
Göß, Stift 9, 67
Göth, Georg 11
Graz 78, 79
Grimm, Brüder 10
Guerard, Bernhard 34
Gußwerk 11

Hader, Ernst 52
Hartig, Franz Graf 9
Haydn, Joseph 52
Heine 13
Herschel, Friedrich Wilhelm 52
Hikel, Josef 19
Hofer, Andreas 38

Hormayr, Joseph Freiherr von 8, 13, 41
Hurter, Friedrich von 13
Hurter, Tobias 40

Isabey, Jean Baptiste 20

Janisch 12
Joanneum 8, 11, 42, 59
Josef II., Kaiser 7, 58

Kaiser, Eduard 24, 29
Karl August, Großherzog von Sachsen-Weimar-Eisenach 42
Keszthely, Schloß 55
Kniep, Johann 56
Kollmann, Ignaz 8, 9, 10
Kotzebue, August von 43
Kreutzinger, Josef 16
Kriehuber, Josef 21, 25, 30, 31, 47, 50
Kupelwieser, Leopold 35

Lanzedelly, Karl 80
Lavater 42
Leoben 12
Leopold II., Kaiser 16, 55
Lesznik, Max Alois 69
Lieder, Friedrich 44
Lips, Johann Heinrich 42
Loder, M. 60, 63, 66
Löschenkohl, Hieronymus 15
Ludovica, Maria 17
Lyser, Ludewig Peter 13

Maria Theresia, Kaiserin 15
Mariazell 11, 58
Mayerhofer, Theodor 51
Mendelssohn-Bartholdy, Felix 13, 46
Meran, Franz Gf. 69
Metternich, Klemens Wenzel Lothar Fürst von 8, 9, 13, 43, 44, 45
Motter, Herbert 11
Müller, Johannes von 8, 13, 40

Napoleon, Bonaparte 8, 39
Neuberg an der Mürz 37, 56, 57

Palais Meran 6, 71
Palazzo Pitti 6, 54
Pebal, Familie 12
Pebal, Leopold von 7
Peinlich, Richard 51
Pfeiffer, Karl Hermann 19

Plochl, Anna 10, 11, 22, 61, 69
Pöllau, Stift 58
Prinzhofer, August 28
Prokesch von Osten, Anton Graf 7, 45
Pyrker, Johann Ladislaus 50

Rauscher, Josef Othmar von 9
Reichstadt, Herzog von (Sohn Napoleons) 47
Rossini 10

Sand 43
Schaffhausen 13, 40
Schenna bei Meran 6
Schertle, Valentin 23
Schiller, Friedrich von 13
Schimmer, Karl August 13
Schlossar, Anton 11
Schneidawind 13
Schopenhauer, Arthur 48
Schubert, August 49
Schumann 13
Seckau, Stift 7, 9, 68
Sommer, Heinrich 32
St. Johann ob Hohenburg 9, 10, 73, 75
St. Josef ob Stainz 9, 73, 74
Stadler, Johann 29
Stainz 7, 10, 14
Stainz, Stift 9, 70

Thernberg am Semmering 60
Trofaiach 12, 67
Tunner, Josef 9, 45, 65
Tunner, Peter 12

Uetz (Uiz), Adalbert 10

Vordernberg 12, 63, 64, 65, 66

Wagenhofer, Gertraud 11
Wagner, Richard 48
Waldmüller, F. G. 62
Wastler 10
Weger, August 46
Weidmann, Franz Carl 12
Wesendonck, Otto 48
Wildensteiner Ritterschaft 8, 13, 42
Williams, Sophus 52
Willich, Cäsar 48

Zalder, Franz Xaver 80
Zängerle, Roman Sebastian 9, 14

Von Mauer zu Mauer

Dumpf hämmerten die Ambosse in der Schlosserwerkstatt des weiland Herrn Alexander Girardi in der Leonhardstraße in Graz. Das unscheinbare, kleine Haus hatte in den vierziger Jahren des 19. Jahrhunderts neue Nachbarschaft bekommen. Der
S. 15–32 beliebte *Erzherzog Johann,* Schutzherr des Landes, war auf die Idee verfallen, sein neues Stadtpalais in die Leonhardvorstadt hineinbauen zu lassen. Grazer Ansichten der Zeit zeigen, wie die Vorstadt einst aussah. Wenige Häuser, die Leonhardkirche dominierte. Ein Dorf vor der Stadt, vorwiegend grün. Erzherzog Johann hat sein neues Haus in Graz, das er kaum bewohnte, dessen Mauern ihn in den Tod begleiteten, nie geliebt. Zu groß, zu wenig auf seine individuellen Wünsche war es zugeschnitten, daß es ihm Heimat hätte werden können.

Im Mai 1859 war der Schlossermeister Alexander Girardi schon über ein Jahr tot. Sein achtjähriger Sohn war wohl dazu ausersehen und doch zu anderem berufen. Er streifte die Wände seiner Identität ab, verließ das Haus seiner Geburt, die Werkstatt seines Vaters, kehrte nie mehr dorthin zurück. Mauern, die zu eng werden, Fesseln sprengen wie der Erzherzog, der ebenso sein Geburtshaus verließ, die Mauern des
S. 54 *Palazzo Pitti* in Florenz, die ihm nicht Heimat werden sollten.

Am 11. Mai 1859 endete das Leben des Erzherzogs in seinem Grazer Haus, das
S. 71 noch heute *Palais Meran* genannt wird. Blickt man auf sein Leben, fällt auf: Heimat gab es für ihn selten. Weder sein Geburtshaus in Florenz, noch sein Haus in Graz. In Wien konnte, in Tirol durfte er nicht heimisch werden. Dort, wo er sich daheim fühlte, Vordernberg, Brandhof, fühlte er sich geborgen, war er verborgen. Der
S. 69 *Brandhof,* als Begräbnisstätte ausersehen, kam nicht zustande. So kam es zur letzten Ruhestätte nach Schenna bei Meran, einen Ort, dem er zeitlebens nicht „verbunden" war. Heimatlosigkeit bis in den Tod.

Später Besuch

S. 29–31 Noch einmal, 1858, war der 76jährige Erzherzog nach *Frankfurt am Main* gekommen. Besondere Erinnerungen verbanden ihn dorthin. Mit 66 Jahren hatte er den
S. 76–77 Höhepunkt seiner politischen „Karriere" erreicht. *Deutscher Reichsverweser* des Parlaments in Frankfurt, das schien eine große Aufgabe. Doch das Amt, dessen Vorgabe, die Illusion der deutschen Einheit, machten die klangvolle Position zur Desillusion, so daß Johann nach wenig mehr als einem Jahr aufgab. Fortan sollte er nur noch eine politische Funktion bekleiden, die einzige, die man in der Steiermark je
S. 70 für ihn bereithielt: Anfang 1850 wählten ihn die Bürger von *Stainz* zu ihrem Bürgermeister. Ohne Frage eine außergewöhnliche Wahl. Der alte Mann, ohne kommunalpolitische Erfahrung, der nach wie vor viel unterwegs war und Stainz nicht als Hauptwohnsitz hatte. Selten hat ein Habsburger „Volksnähe" in einer signifikanten Weise demonstriert wie Erzherzog Johann hier.

Frankfurt, 1858, eine Begegnung unter ungewöhnlichen Vorzeichen. Der Bürgermeister von Stainz empfängt den 43jährigen Gesandten am Bundestag *Otto von Bismarck*. Die wenigen Zeilen in Johanns Tagebuch lassen wenige Rückschlüsse auf die Unterredung zu, außer daß beide Herren in bezug auf die deutsche Frage nicht einer Meinung waren. Was mochte Bismarck bewogen haben, den ehemaligen Deutschen Reichsverweser aufzusuchen? Einige Jahre zuvor hatte der junge Bismarck den erfahrenen Diplomaten Anton Graf *Prokesch von Osten* erbittert attackiert, wovon noch heute Bismarck-Biographien berichten. Auch da war es um die deutsche Frage, großdeutsch oder kleindeutsch, gegangen. Mit welchen Emotionen mochte der alte Erzherzog Bismarck empfangen haben, der seinen Intimus Prokesch angegriffen hatte? Für Erzherzog Johann war die Aussprache nicht mehr als „Episode". Doch Bismarck sollte weiterführenden Gewinn davon tragen.

S. 49

S. 45

Die Kulturkämpfer

1883, *Stift Seckau* in der Obersteiermark. Ein besonderes Jahr in der Stiftsgeschichte. Über hundert Jahre war das Stift kein Stift. Doch nun regte sich neues Leben. Durch Umstände der Zeit bedingt, zogen Mönche in die alten Mauern, die von weither gereist kamen. Die Abtei Beuron war in den Strudel des sogenannten Kulturkampfes geraten, den Bismarck entfacht hatte. Nun schloß sich ein Kreis: 1782 war das Chorherrenstift Seckau durch Kaiser Josef II. als zu „beschaulich" der Auflösung verfallen. Im Jahrhundert danach waltete kein guter Stern über dem Haus. Traurigen Ruhm erlangte der Verwalter Leopold von Pebal, der 1827 die Särge der Habsburger ausplünderte, ein Vierteljahrhundert später Selbstmord verübte.

S. 68

Gerade bei Pebal war diese Tat „ruchlos", hatte er sich der wohlwollenden Gunst von Erzherzog Johann erfreut, ja seinen Posten in Seckau ihm verdankt. Die Familie Pebal begegnet immer wieder in Erzherzog Johanns Biographie, sei es in Vordernberg, sei es in den Männerbünden. Grund genug, weiteren Rückblick zu halten.

Freimaurerzeit

Das Jahr der Aufhebung von *Seckau* 1782 fällt mit dem Jahr der Geburt des Erzherzogs zusammen. Zufall und doch mehr. Erzherzog Johann wird sehr früh Zeuge der liberalen Politik seines Vaters, des *Großherzogs Leopold von Toskana*, seines Onkels, des Kaisers Josef II. Die Freimaurerlogen entfalten ihre Macht. Das Ereignis der Französischen Revolution gebietet ihnen scheinbar Einhalt. Durch die Nachwirkungen werden sie verboten, in den Untergrund gedrängt. Mit zehn Jahren ver-

S. 68

S. 16

| | liert der Erzherzog seinen Vater. Sein ältester Bruder, Franz, wird *Kaiser* – für 43
S. 34–35 | Jahre. Das scheinbare Unglück wird zur prägenden Chance für Johann. Es ist schwer auszumalen, wie seine Karriere sich unter einem „starken" Kaiser entwickelt hätte. So gab sein Vater die Richtlinie vor, die der Erzherzog im Sinn einer standesüberschreitenden Gesellschaft konsequent weiterführte. Johann wird zum bedeutendsten Männerbündler in den Reihen der Habsburger. Dieses Engagement setzt sehr früh ein mit dem berühmten Alpenbund. Durch mehrere Jahre betrieb Johann mit Verbündeten eine antinapoleonische Politik in Tirol und gipfelte 1813 im brutalen
S. 44 | Durchgreifen *Metternichs*. Spätestens ab diesem Zeitpunkt ist der Bruch endgültig. Metternich konnte aber nicht direkt gegen Erzherzog Johann vorgehen. So mußte ein anderes Opfer gefunden werden. In der Person des *Joseph Freiherrn von Hor-*
S. 41 | *mayr* fand er es. Hormayr, der Historiker aus Tirol, bekundete früh seine Verbundenheit mit dem Erzherzog, indem er seinen Geburtstag mit 20. Jänner 1782 (statt 1781) angab, um auf diese Weise seine Verbundenheit mit Johann zu demonstrieren.
S. 40 | Hormayr, wie Johann dem Historiker *Johannes von Müller* eng verbunden, erwies sich als glänzender Organisator der Verschwörung, bis ihn Metternichs Bannstrahl traf. Das Österreichische Biographische Lexikon formuliert das im Artikel Hormayr so: „*Metternich griff so ungewöhnlich hart zu, daß es scheint, er habe von der erprobten Tatkraft des Tirolers persönlich mehr befürchtet als die Bloßstellung seiner Politik gegen Napoleon.*"

Johann setzte zum nächsten Schlag gegen Metternich aus und erweiterte seine männerbündlerischen Tätigkeiten. Was ihm in Tirol verwehrt blieb, verlagerte sich nun in das Semmering-, das Wechselgebiet. Sein Schloß Thernberg wird ihm den
S. 60 | Namen „*Hans der Thernberger*" eintragen, mit dem er seit 1813 der „*Wildensteiner Ritterschaft auf blauer Erde*" als Großmeister vorstehen sollte. Die Farbe Blau, der Terminus „*Großmeister*" weisen die Richtung: Ein Männerbund, standesüberschreitend, eine kaum getarnte Freimaurerloge, ein Sammelbecken ehemaliger Jakobiner. Was hier erprobt wurde, wird seit 1819 konsequent ausgedehnt. Die Landwirtschaftsgesellschaft für Steiermark, mit zahlreichen Mitgliedern der „*Wildensteiner Ritterschaft*", hatte deren aufklärerische Ideen in weite Bevölkerungsschichten
S. 59 | zu bringen. Das Bildungsfundament hatte das 1811 gestiftete *Joanneum* zu tragen. Schwieriger war es mit der Volksbildung in bezug auf Zeitschriften. Die Zeitungsbeilage „*Der Aufmerksame*" wurde vom Katholiken Ignaz Kollmann dominiert und bot keine „Aufklärung". Kollmann verfaßte auch die Jahresberichte des Joanneums. Ab 1819 standen die Verhandlungen und Aufsätze der Landwirtschaftsgesellschaft zur Verfügung, die eine Fülle unaufgearbeitetes Material für Erzherzog Johann und seine Zeit bieten. 1821 kam die Steiermärkische Zeitschrift hinzu, die geistes- und naturwissenschaftliche wie belletristische Beiträge vereinte. Inwieweit die eher hochgesteckten Ansprüche dieser Zeitschrift der von Erzherzog Johann angestrebten Volksnähe entgegenkamen, bleibe dahingestellt.

Kulturkampf in Steiermark

Metternich übersah die starken Zeichen, die Johann in seinem neuen Reich setzte, keineswegs. Mit der Auslöschung der Wildensteincr Ritterschaft 1823 setzte er den Grafen Franz Hartig als Landesgouverneur in die Steiermark. Zusätzlich wurde Beamten das Tragen des Steireranzugs verboten, eine der ersten Amtshandlungen des neuen Gouverneurs. Don Pizarro aus „*Fidelio*" war in Graz auf die Bühne des Lebens getreten. 1824 wurde der seit zwölf Jahren verwaiste Bischofssitz von *Seckau* neu besetzt, wiederum ganz im Sinn Metternichs mit Roman Sebastian Zängerle, der den Vormärz im Land greifbar machte. Mit Zängerle, der gleichfalls am 20. Jänner Geburtstag hatte, hielt die Reaktion Einzug in der Steiermark, bis die Revolution von 1848 den alten Bischof zerbrach. Verhältnis zwischen Zängerle und Erzherzog Johann gab es nicht, weshalb Zängerle in keiner Biographie des Erzherzogs und der Erzherzog nicht in der Geschichte der Diözese Seckau vorkommt. Es ist aber fataler Irrtum, Geschichte zu eliminieren, wenn keine greibaren Quellen vorliegen. Ist nicht das fast völlige Fehlen von Kirchenbauten in der Steiermark im Zeitraum von 1824 bis 1848 eine markante Aussage? Die Ausladung des Bischofs von der Einweihung des *Brandhofs* im Jahr 1828 kann nur als persönlicher Affront von seiten des Erzherzogs aufgefaßt werden.

Der Kulturkampf war zu diesem Zeitpunkt in der Steiermark längst eröffnet. Auch hier fällt das Kulminieren von Ereignissen ins Auge: 1823 die *Weihe des Kreuzes am Erzberg*, im November 1823 kauft die Vordernberger Radmeister-Communität das ehemalige Stift Seckau an, im Februar 1827 folgt das aufgelassene *Nonnenstift Göß* (das wenige Jahre zuvor Sitz eines Bischofs war). Noch in diesem Jahr wurden in Göß umfangreiche Abbrucharbeiten vorgenommen. Der Erzherzog entfremdete sich von seinem Mitarbeiter Ignaz Kollmann, wohl nicht zuletzt wegen dessen naher Kontakte zu Bischof Zängerle. 1832 kam es zum endgültigen Bruch. Mit der Erwerbung des aufgelassenen Chorherrenstiftes *Stainz* im Jahr 1840 kommt das dritte steirische Stift in Johanns Hand. Die Erneuerung der Kirche in der Steiermark wird für Zängerle immer ausweiser. Die Inhaftierung von Michael Josef Fesl zwischen 1825 und 1832 in Graz wirft ein dunkles Licht auf Zängerle. Fesl stand dem Mathematiker, Theologen und Philosophen Bernhard Bolzano nahe, der infolge seiner Weltanschauung (Kantianer) sein Lehramt verlor.

Nach Zängerles Tod besserte sich die Lage, kurzfristig war Joseph Othmar von Rauscher Bischof von Seckau, später Erzbischof von Wien, der Aufsehen machte, als er am Ersten Vatikanischen Konzil gegen die Unfehlbarkeit des Papstes stimmte, ein „liberaler" Kirchenfürst. Der letzte Bischof von Seckau, den Erzherzog Johann erlebte, war Fürstbischof Attems, der ungewöhnlich früh, mit 38 Jahren, in das Amt berufen wurde, vielleicht mit Unterstützung des Erzherzogs, der der Familie Attems seit vielen Jahren gewogen war.

In der Tat kam der Kirchenbau in dieser letzten Zeit wieder in Aufschwung, was an zwei interessanten Beispielen belegt werden kann. Die *Kirche von St. Josef bei Stainz* und die gleichfalls in Weststeiermark gelegene *Kirche St. Johann ob Hohenburg* verdienen in mehrfacher Hinsicht Aufmerksamkeit. St. Josef ist mit einem *Hochaltarbild von Josef Tunner* geschmückt, dem Erzherzog Johann sehr nahe-

S. 44
S. 68
S. 69
S. 63
S. 67
S. 70
S. 73–74
S. 75
S. 74

stand. Noch markanter verläuft die Spurensuche in St. Johann, wo das „*kolossale Hochaltarbild*", das die Taufe Jesu durch Johannes im Jordan darstellt, vom Wiener Maler Uiz gemalt ist (Janisch, Lexikon von Steiermark, 1. Bd., S. 643). Hinter dieser Angabe verbirgt sich der Name Adalbert Uetz (1807–1864), der bereits in Schreiners „*Grätz*" als Subskribent auftaucht. Wastler berichtet im Steirischen Künstlerlexikon, daß Uetz für Erzherzog Johanns Palais in Graz Malereien ausführte. Dazu fügt sich, daß im in unmittelbarer Nähe gelegenen *Schloß Hohenburg* der Erzherzog als „eifriger Nimrod" oft verweilte (Janisch, S. 583). Diese Neuorientierung ist nach der Episode als Reichsverweser, nach dem Kulturkampf mit Zängerle als Phase einer neuen Zeit, eines neuen „Zeitgeistes" zu verstehen. Die Besiedlung von Seckau, ausgerechnet durch Beuroner Benediktiner, ist als Treppenwitz der Geschichte aufzufassen.

S. 75

S. 73

Erzherzog Johann und Frauen

1819 erfreute eine Opernaufführung im Theater am Franzensplatz (dem heutigen Grazer Schauspielhaus) das Publikum. „*Der Barbier von Sevilla*" von Rossini, bis heute ein ungebrochener Publikumserfolg, in der deutschsprachigen Premiere von Kollmann. Kurz zuvor hatte Rossini „*La Cenerentola*" herausgebracht, die Version des Märchens vom Aschenputtel für die Bühne, das durch die Kinder- und Hausmärchen der Brüder Grimm neue Aktualität erhalten hatte. Gleichzeitig erfüllte sich das Märchen vom Märchenprinzen in der Steiermark, soweit Märchen in der realen Welt erfüllbar sind. Das Jahr 1819 ist auch in bezug auf Frauen für Johann ein Schlüsseljahr, als er im Ausseerland die 15jährige *Anna Plochl* zum ersten Mal sieht.

S. 61

Was für andere Habsburger in dieser Hinsicht in aller Breite ausgewalzt wird, ist skurrilerweise für den Erzherzog bis heute ein ängstlich gehütetes Tabu-Thema. Frauen darf es für ihn – mit einer Ausnahme – keine geben. Merkwürdig still ist es um seine Mutter und – ganz ähnlich einer Darstellung im Märchen – mit Anna Plochl. Die „Vorbereitungen" zur Eheschließung sind nicht zuletzt durch den Erzherzog selbst *(„Der Brandhofer und seine Hausfrau")* breiten Kreisen bekannt geworden. Über das Eheleben selbst, dessen Freuden und Probleme, hört man so gut wie nichts. In *Stainz* hielten sich lange Zeit Überlieferungen, die Gattin des Erzherzogs habe sich hochmütig und herrschsüchtig verhalten.

S. 70

Über Anna Plochl weiß man noch weniger als über den Erzherzog. Es ist erstaunlich. Sieht man von Belletristik ab, liegt bis heute keine ernstzunehmende Studie, geschweige ein fundiertes Buch über sie vor. Die „Frauen-Forschung" ist hier gefordert. Anna Plochl war – auch davon ist wenig bekannt – eine eifrige Briefschreiberin. Eine überaus lesenswerte Edition ihrer Briefe aus Frankfurt (Mitteilungen des Steiermärkischen Landesarchivs 1980, S. 59–76) wird manche Bilderbuchklischees zurechtrücken. Eine nachdenkliche Frau, die sich in Frankfurt nicht zurechtfindet. Eine Frau, die sich ärgert, daß ihr Gatte auf dem Theater karikiert wird. Das *Familienleben* war ohne Frage anders, als es auf den vielen überhöhten Bildern dieser

S. 23, 61, 71

Zeit zu sehen ist. Gerade diese Problematik zeigt auf, wie kompliziert es ist, sich von Erzherzog Johann, seinem Leben, seinen Frauen „ein Bild" zu machen. Betroffen machen Äußerungen Anna Plochls, wenn sie spät, zu Beginn des Jahres 1849, verbittert resümiert, daß die Steiermärker am Herrn sehr unedel gehandelt haben.

Sowie die Popularität des Erzherzogs „fragwürdig" scheint, wird auch sein Potential an Frauen zu hinterfragen sein. Daß der auffallend spät geborene einzig „bekannte" *Sohn Franz* – Johann zählte bei seiner Geburt 57 Jahre – der „einzige" ist, darf zur Diskussion gestellt werden. Schon im Vormärz kursierten in Graz Gerüchte, daß der Professor am Joanneum, Georg Göth, ein früher Sohn des Erzherzogs sei. In der Tat war Göth ein intimer Vertrauter, von der ersten fundierten Beschreibung des Brandhofs in den frühen dreißiger Jahren bis zum Joanneum-Buch 1861, immer steht Göth an vorderster Front. S. 23, 25, 69, 71

In der Nähe von Mariazell, im Gemeindegebiet von Gußwerk, liegt ein vorerst unscheinbares Haus, das *Gasthaus von Fallenstein*. Eine Inschrift sagt aus, daß dort im 16. Jahrhundert eine erzherzogliche Geburt erfolgt sei. Da in der älteren Literatur aber davon keine Rede ist, wird die Spurensuche in eine zeitlich nähere Richtung zu lenken sein. Dazu fügt sich, daß Georg Göth vor 1830 als Schriftmaler in Mariazell wirkte. Er hatte also „Kenntnisse". Wie die Historikerin Dr. Gertraud Wagenhofer berichtet, lassen zahlreiche Eintragungen in den Taufbüchern von Mariazell eindeutige Rückschlüsse auf Vaterschaften von Erzherzog Johann zu. Von Interesse dazu ist eine Überlieferung des Kirchenhistorikers Karl Amon, beruhend auf einer Aussage des verstorbenen Kaplans Dr. Herbert Motter. Ein Pfarrer im Ennstal habe die Namen der Kinder des Erzherzogs auf der Innenseite seines Tabernakels festgehalten ... S. 58

Der „Hausmann"

Erzherzog Johanns „stille Jahre", seine Lebensspanne nach dem Ablauf der Reichsverweserschaft, führen in der Biographie ein Schattendasein. Zum Teil dienten sie, um Ordnung in seine, unvorstellbar reichen persönlichen Dokumente, die niemand mehr überblicken kann, zu bringen. Damit in Verbindung steht die Entstehung eines der bekanntesten Erzherzog Johann-Bücher „*Der Brandhofer und seine Hausfrau*". Mit prägnantem Stil hat der Erzherzog seine bewegten Jahre von der *ersten Begegnung mit Anna Plochl,* von der „wilden Ehe" – immerhin lebte der Katholik seit 1823 mit der Minderjährigen in einem eheähnlichen Verhältnis – bis hin zur deren Legalisierung berichtet. Die Brisanz der Thematik, die Position des Verfassers machten im 19. Jahrhundert eine Veröffentlichung unmöglich, gleichwohl der Erzherzog sicher eine solche beabsichtigt haben mochte. Bald nach dem Zusammenbruch der Monarchie wies Anton Schlossar, der profunde Kenner Erzherzog Johanns, auf dieses der Öffentlichkeit entzogene Manuskript hin und bewirkte somit dessen Drucklegung. S. 61

Wer den „Brandhofer" näher liest, wird bald zur Meinung gelangen, das dieses Buch auch unter „Vordernberger" laufen könnte. Spätestens 1822, als sich Johann – unter maßgebendem Einfluß der Familie Pebal – als Gewerke in Vordernberg niederließ, wird dieser verträumte kleine Ort (an der heutigen Steirischen Eisenstraße) ein zentraler Lebensmittelpunkt im Leben des Erzherzogs (eine geschlossene Darstellung seiner Beziehungen zu Vordernberg gehört zu den vielen „offenen" Wünschen der Johann-Literatur). Hier verbrachte er wohl die glücklichste Zeit seines Lebens, genoß sein junges Glück. Durch die Radwerke wird *Vordernberg* ein Ort entscheidender Bedeutung für technischen Fortschritt und arbeitsrechtliche Innovation. Dies führt zur Errichtung der Montanistischen Lehranstalt in Vordernberg 1840 mit Peter Tunner als Vordenker, was 1849 zur Montanistischen Lehranstalt in Leoben (seit 1975 Montanuniversität) führt. Vordernberg ist sowohl im „privaten" als auch offiziellen Bereich für Erzherzog Johann ein „Hauptort", der Trofaiach völlig in den Schatten stellt. Es ist weithin unbekannt geblieben, daß der Erzherzog dort einen eigenen Hof, den *Glöckelhof,* besaß. Selbst das Steiermark-Lexikon von Janisch weiß dazu nur zu berichten, daß sich dort ein sehr schöner Garten befinde.

Anders verhält es sich mit dem *Brandhof*, bis in die siebziger Jahre unseres Jahrhunderts als Museum für die Öffentlichkeit zugänglich. Nach langjährigen Umbauarbeiten wurde die Einweihung am 24. August 1828 als Volksfest zelebriert, am 18. Februar 1829, um Mitternacht, die Hochzeit des erzherzoglichen Paares gehalten. Als folgerichtiger Schritt wünschte Erzherzog Johann, in der Kapelle des Brandhofs bestattet zu werden, wie dies Franz Carl Weidmann, der 1828 die Festschrift zur Einweihung verfaßt hatte, bezeugt. Dieser Wille blieb jedoch unerfüllt, es war auch nicht möglich, nähere Aufschlüsse darüber zu erhalten.

In Graz wurde der Erzherzog nie heimisch, worüber sein *Palais in der Leonhardstraße* nicht hinwegtäuschen kann. Es ist eine bemerkenswerte Fügung, daß gleichzeitig mit dessen Errichtung *das erste Kinderspital in Graz* eingerichtet wurde, eine frühe Pionierleistung sozialen und medizinischen Handelns. Lange Zeit trug es den Namen Anna-Kinderspital, daran erinnernd, daß des Erzherzogs Gemahlin sehr initiativ die ersten bescheidenen Anfänge in der jungen Vorstadt Jakomini, in der *Klosterwiesgasse 6,* vorangetrieben hatte. Sie erlebte noch die Fertigstellung des Neubaus in der Mozartgasse, der als Kinderspital diente, bis ihn die Wellen der Zeitströme im 20. Jahrhundert überflüssig machten.

Denkmalbildung

Mit der *Übernahme des Amtes des Deutschen Reichsverwesers* war der äußere Anlaß gegeben, Erzherzog Johann in einer Reihe von Veröffentlichungen einem breiteren Publikum vorzustellen. Kaum etwas davon hat seine Zeit überdauert, sie waren der unmittelbaren Aktualität verhaftet und sind längst dem allgemeinen Bewußtsein entschwunden. Trotzdem lohnt es sich, einige dieser Publikationen, deren Verfasser näher zu betrachten, die Johann in größere geistesgeschichtliche Zusammenhänge rücken.

Zu den großen Raritäten der Erzherzog Johann-Literatur zählt die erste Brief-Ausgabe, 48 Briefe des Erzherzogs an *Johannes von Müller,* 1848 in Schaffhausen in der Schweiz erschienen. Müller führt in die frühe Jugend des Erzherzogs zurück. Der bedeutende Historiker (1752–1808), von Einfluß auf Goethe und Schiller, von 1793–1804 in Wien, wo er den jungen Johann in Geschichte unterrichtete. Müller hat mehrere Personen im Umkreis des Erzherzogs nachhaltig geprägt. So den schon genannten *Hormayr* und den gleichfalls aus Schaffhausen stammenden Historiker und Verleger Friedrich von Hurter, der folgerichtig nicht nur die Briefe, sondern auch die große Johann-Biographie von Schneidawind 1849 herausbrachte, die in der Johann-Literatur einen einmaligen Stellenwert einnimmt. Sie streicht – aus persönlichen Hintergründen Hurters heraus – die *militärischen Taten* Johanns in überdimendionaler Weise hervor. Müller muß ein Mann von charismatischer Ausstrahlung gewesen sein, der manche seiner Schüler stigmatisierte.

Hurter, der erfolgreiche evangelische Theologe, brach mit seinem Glauben, wandte sich unter Papst Gregor XVI. dem Katholizismus zu, um unter Metternich Reichshistoriograph zu werden und die bis heute nicht „überholte" Geschichte Kaiser Ferdinands II. in elf mächtigen Bänden zu schreiben. *Josef von Hormayr,* der glühende österreichische Patriot, der sich später Bayern zuwandte. Johann selbst, der Heimatlose, der nicht zuzuordnen ist, schwankend zwischen Reaktion und Innovation, Romantik oder Fortschritt, „grüner Rebell" oder Technokrat.

Ein weiterer Erzherzog Johann-Biograph des Jahres 1849, der Interesse verdient, ist Karl August Schimmer, der selbst kein Historiker „vom Fach", trotzdem – oder gerade deshalb – offenbar nahen Zugang zum Erzherzog gehabt haben muß. Schimmer gab zwei Jahre später, 1851, ein Buch heraus, das Prädikat „außergewöhnlich" verdient. Seine Geschichte der Wildensteiner Ritterschaft zur blauen Erde, mit einer persönlichen Widmung an den Erzherzog, ist bis heute ein unentbehrliches – wenn auch wenig genütztes – Quellenwerk, ein Ausdruck großen persönlichen Mutes.

Als Überraschung stellt sich unter den Schriftstellern dieser Zeit Ludewig Peter Lyser ein, dessen Schrift über Johann (1848) zu den „verschollenen" gerechnet werden kann. Lyser, ein vielseitiger Literat und Musikschriftsteller, mit Mendelssohn, Schumann, Heine in Kontakt, hat Johann ausdrücklich als Freund des deutschen Volkes bezeichnet.

Mann ohne Residenz

S. 29, 77 Auch in seinem Amt als *deutscher Reichsverweser* war der Erzherzog ohne nachhaltigen Erfolg geblieben. Nicht nur in Graz wird man diese Resignation als Scheitern beurteilt haben. Wie so oft in seinem politischen Leben war Johann erfolglos, selbst als Bürgermeister von Stainz war es ihm nicht gegeben, weiterhin sichtbare Akzente zu setzen. Was von ihm blieb, ist die „Legende", bis zum heutigen Tag mit vielen ungesicherten Überlieferungen. Als der *„Steirische Prinz"* 1859 starb, brachten die Mitteilungsblätter der Landwirtschaftsgesellschaft, deren Präsident er bis zuletzt war, nicht einmal einen eigenen Nachruf, und es ist von Interesse zu beobachten, wie gerade in dieser Zeitschrift der „Nachruhm" Johanns ausblieb. Wie fremd Graz Erzherzog Johann blieb, ersieht man aus seiner Grabstätte. Scheinbar war das Mausoleum, wo er von 1859–1869 bestattet war, eine „folgerichtige" Grab-
S. 78 lege, doch das *Mausoleum Ferdinands II.,* der den dreißigjährigen Glaubenskrieg entfacht hatte, das später auch Fürstbischof Zängerle aufnahm, bedeutete in Wahrheit für den Erzherzog einen Treppenwitz der Geschichte.

Zum ersten Mal wird mit diesem Buch eine Bildbiographie von Erzherzog Johann vorgelegt, wie es seit vielen Jahren gewünscht wurde. Auch dieser Wunscherfüllung standen viele Hindernisse durch die Realität entgegen. Die Unzahl von Bilddokumenten verlangte eine sorgfältige Selektion, außerdem sollten neue Erkenntnisse der Forschung zumindest in Ansätzen sichtbar gemacht werden. Das Interesse von „offiziellen" Stellen in Steiermark an Johann ist erstaunlich gering, mit „Landesausstellungen" soll der Wissensstand abgedeckt werden. So ist es nicht weiter verwunderlich, daß in einem Habsburg-Lexikon im Artikel Johann weder Geburtsnoch Sterbedatum richtig angegeben sind. Das vorliegende Buch versteht sich als Diskussionsgrundlage, das die notwendige Diskussion um Erzherzog Johann neu beleben will.

Sein Leben in Bildern

Porträts

Ein außergewöhnliches und unbekanntes Bilddokument: Erzherzog Johann als Knabe, nach Hieronymus Löschenkohl, der mit dem Bild „Theresiens letzter Tag" (Maria Theresia am Sterbebett) Berühmtheit erlangt hatte.

Erzherzog Johanns Vater: Leopold, Großherzog von Toskana (Kaiser Leopold II. von 1790–1792). Bildnis im Krönungsmantel. Schabblatt von Jakob Friedrich Clerck 1790 nach einem Gemälde von Josef Kreutzinger (NB 500.209)

Erzherzog Johanns Mutter: Maria Ludovica, Infantin von Spanien.

Erzherzog Johann von Österreich († 1859).

Photo nach Gemälde (NB 506.944)

*Erzherzog Johann als Generalgeniedirektor um 1805.
Gemälde von Josef Hikel, wiedergegeben im Punktierstich von Karl Hermann
Pfeiffer (NB 502.980)*

Erzherzog Johann.
Aquarell-Miniatur von Jean Baptiste Isabey, 1812 (NB 61.015)

*Erzherzog Johann von Österreich († 1859).
Lithographie von Josef Kriehuber (NB 500.228)*

*Erzherzog Johann von Österreich († 1859), Altersbildnis, zusammen mit seiner Gattin Anna Maria Freiin v. Bandhof, geb. Plochl.
Stich von G. Alboth (NB 508.731)*

Erzherzog Johann von Österreich (1782–1859).

(Farb-)Lithographie von Valentin Schertle, 1848 (NB 503.418)

Erzherzog Johann von Österreich († 1859).

Lithographie von Eduard Kaiser (NB 506.497)

Erzherzog Johann von Österreich (1782–1859), Bildnis, zusammen mit seinem Sohn Graf v. Meran.
Lithographie von Josef Kriehuber (NB 520.378)

Landesmuseum Joanneum (RF 32685)

Erzherzog Johann von Österreich († 1859), Bildnis in einem Rahmen von Abbildungen biogr. Örtlichkeiten u. histor. Ereignissen.
Strichlithographie (NB 508.198)

*Erzherzog Johann von Österreich († 1859).
Ad vivum-Zeichnung von Moritz Michael Daffinger, wiedergegeben als Farblithographie von August Prinzhofer (NB 506.557)*

*Erzherzog Johann von Österreich († 1859).
Bildnis in Uniform als deutscher Reichsverweser. Entwurf von Eduard Kaiser, lith.
von Johann Stadler (NB 508.190)*

Josef Kriehuber, Lithographie (Landesmuseum Joanneum KB 3553)

Josef Kriehuber, Lithographie (Landesmuseum Joanneum KB 3519)

*Erzherzog Johann von Österreich (1782–1859).
Bildnis in Uniform. Photolith. Heinrich Sommer in der Kunsthandlung Joseph
Bermann, Wien (NB 533.735)*

Zeitgenossen

Franz II. (I.), röm. dt. Kaiser.

Zeichnung von Bernhard v. Guerard, gest. von Fügl (NB 39.676)

Franz II., röm. dt. Kaiser († 1835).
Bildnis als Kaiser von Österreich. Schabblatt von Tommaso Benedetti nach einem
Gemälde von Leopold Kupelwieser (NB 509.153)

Ferdinand I.

Der junge Kaiser Franz Joseph I., Kaiser von Österreich († 1916), 1855 Jagdgast des Erzherzogs in Neuberg an der Mürz, stand später dem „liberalen Oheim" distanziert gegenüber. Lithographie von Franz Eybl, 1850 (NB 517.519)

Andreas Hofer († 1810). Der Mann, der Erzherzog Johann die Richtung wies: Hofers Ermordung durch die Franzosen lenkte Johanns Weg zum „Alpenbund", zur politischen Opposition gegen Wien. Lithographie nach einem Gemälde v. Franz Altmutter (NB 511.887)

Napoleon Bonaparte.

Ein geistiger Mentor Erzherzog Johanns: Der aus Schaffhausen stammende Historiker Johannes von Müller (1752–1809). Lithographie von Tobias Hurter nach einem Gemälde von Felix Maria Diog. (NB 506.901)

JOSEPH FREIHERR VON HORMAYR.

K.K. Hofrath, des Leopoldordens Ritter, Historiograph des kaiserlichen Hauses,
geboren zu Innsbruck am 20. Jänner 1781.

Joseph von Hormayr (1781–1848).

Stich von Benedetti (NB 501.373)

C. A. de S. W. r.

wer sich auf Menschen versteht, miskennt dies gesicht voll verstand nicht.
L. 1800

Karl August, Großherzog von Sachsen-Weimar-Eisenach (1757–1828). Der Großherzog, durch seine Verbindung mit Goethe heute noch bekannt, stand auch früh mit Johann in Kontakt. Ehrenritter der „Wildensteiner Ritterschaft", besuchte er 1815 das Joanneum. Stich von Johann Heinrich Lips. Eigenhändiger Vermerk von Lavater (NB 522.519)

AUGUST von KOTZEBUE.

August von Kotzebue. Nach seiner Ermordung durch den Studenten Sand notierte Erzherzog Johann in sein Tagebuch: „Ein deutscher Voltaire, der alles ohne Schwung ins Lächerliche zog – ist ganz gegen den deutschen Sinn und gegen alles, was Neues dämmert, sich auflehnte. – Schade ist um ihn keineswegs." Den dieser Tat folgenden „Karlsbader Beschlüssen" (1819), die Metternichs Macht zementierten, stand Johann skeptisch gegenüber. (NB 604.830)

Klemens Wenzel Lothar Fürst von Metternich.

Lithographie von Friedrich Lieder (NB 500.308)

Der aus Graz stammende Diplomat Anton Graf von Prokesch-Osten (1795–1876, hier in einem Porträt von Josef Tunner) nimmt eine interessante, noch unerforschte Mittlerrolle zwischen Erzherzog Johann und Metternich ein.

Seite 46 und 47: Zwei Frühvollendete, die 1830 ihr Weg nach Graz führte: Felix Mendelssohn-Bartholdy († 1847) rügte Graz: „Ein langweiliges Nest, zum Gähnen eingerichtet." Stahlstich von August Weger (NB 509.955)

Wenig lobende Worte kamen von Napoleons Sohn (Herzog von Reichstadt) über Erzherzog Johann: „So glaube ich mir das Herbe seines Characters und seine übertriebene Gutmüthigkeit erklären zu dürfen, welche ihn keiner wichtigen Stellung gewachsen erscheinen lassen. Er ist nie selbständig und sehr schwach."
Bildnis als Jüngling in Uniform. Gemälde v. Moritz Michael Daffinger, wiedergegeben in der Lithographie Josef Kriehubers (NB 500.452)

Der politische Emigrant Richard Wagner (1813–1883) muß Erzherzog Johanns Interesse besessen haben. Am 20. Jänner 1854 besuchte er die österreichische Erstaufführung von Wagners Tannhäuser im Grazer Schauspielhaus. In seinem Urteil über das Werk rückt der Erzherzog in einen ideengeschichtlichen Zusammenhang mit Arthur Schopenhauer, der wenige Monate danach Wagner ebenso ausrichtete, er habe mehr Begabung als Dichter. Foto nach einem Gemälde von Cäsar Willich (1862, im Auftrage Otto Wesendoncks), (NB 526.054)

Nach seiner Begegnung mit Otto von Bismarck († 1898) notierte der Erzherzog: „Dann kam der preussische Bundestag-Gesandte Bismark (!), ein sehr gebildeter, artiger Mann, der aber des Sinnes ist, Österreich heraus aus Deutschland, Preussen an die Spitze. Eine sehr erfreuliche Ansicht, welcher ich nicht beypflichten kann."
Lithographie von August Schubert (NB 510.488)

Johann Ladislaus Pyrker (1772–1847). Der Theologe und Schriftsteller, von Erzherzog Johann besonders geschätzt, nahm 1828 die Einweihung des Brandhofs vor. Lithographie von Josef Kriehuber aus dem Jahr 1842 (NB 503.125)

Der Admonter Benediktiner Richard Peinlich (1819–1882), später Direktor des Akademischen Gymnasiums in Graz, hielt 1859 im Grazer Dom die Fastenpredigten, denen der Erzherzog – unmittelbar vor seinem Tod – beiwohnte. Lithographie von Theodor Mayerhofer (NB 19.254)

E. HADER pinxit   1882.   Gesetzlich geschützt
Herschel
Phot. u. Verl. v. Sophus Williams, Berlin W.

Der berühmte Astronom Friedrich Wilhelm Herschel (1738–1822), der 1781 den Planeten Uranus entdeckt hatte, war auch ein begnadeter Musiker. Nicht nur Joseph Haydn, auch Erzherzog Johann machte ihm anläßlich seiner England-Reise 1815 seine Aufwartung. Foto Sophus Williams, Berlin, nach einem Gemälde von Ernst Hader, 1882 (NB 530.459)

Stätten seines Lebens

Palazzo Pitti, Florenz: Die düsteren Mauern mochten dem kleinen Erzherzog wie ein Gefängnis erschienen sein, nach dem er sich nie zurücksehnte. (KF)

Schloß Keszthely am Plattensee, von Erzherzog Johann früh besucht, jedoch sind die Einflüsse der dort geführten Musterlandwirtschaft auf ihn wenig bekannt. (NB 130.119)

Das unscheinbare Haus in Graz, Mariahilferstraße 12, ist ein „Erzherzog-Johann-Haus". Hier wohnte er 1804, als er zum ersten Mal nach Graz kam, wie schon sein Vater Leopold II. (WV)

Seite 56, 57: Neuberg an der Mürz mit seinem durch Josef II. aufgehobenen Stift. Hier hielt sich Erzherzog Johann sehr früh, in den Jahren 1802 und 1803, mehrfach auf (mit seinem ersten Kammermaler Johann Kniep) und nahm Anteil am Kulturleben der Gegend. (WV)

Stift Neuberg an der Mürz. (WV)

Stift Pöllau in der Oststeiermark. Das von seinem Onkel Josef II. aufgehobene Chorherrenstift wurde von Johann sehr früh, 1808, besucht, der sich begeistert über den „steirischen Petersdom" äußerte. (WV)

Das legendenumwobene erzherzogliche „Geburtshaus" in Fallenstein bei Mariazell. (WV)

Der ehemalige Garten des Joanneums.

Das Joanneum in Graz. (WV)

Jakob Gauermann, einer der Kammermaler des Erzherzogs, hielt im Bild Schloß Thernberg am Semmering fest. Begrüßung des Prinzen durch Kinder, 1817.

M. Loder. Erzherzog Johann am Fuße des Ankogels, 1827.

„Der Markt Aussee in Steiermark".
Kolor. Lith. v. Jakob Alt († 1872) (NB 499.782)

Erzherzog Johanns Begegnung mit seiner nachmaligen Gattin Anna Plochl.
(NB 167.909)

Was Erzherzog Johann verwehrt blieb, konnte sich der glücklose Kronprinz Ferdinand (ab 1835 Kaiser) leisten: seine Braut dem Kaiserhaus vorstellen. Rechts Erzherzog Johann als gelangweilter Beobachter.
(Gemälde von F. G. Waldmüller) (NB 697)

Der Erzberg bei Eisenerz nach M. Loder.

„*Markt Vordernberg im Brucker Kreise*".

Hochofen des Radwerkes 10 in Vordernberg.
(WV)

Vordernberg: „Raithaus". Ehemalige Montanlehranstalt 1840–1849 unter Peter Tunner; Gründer Erzherzog Johann. (WV)

Das Wohnhaus Erzherzog Johanns („Meranhaus") in Vordernberg. (WV)

M. Loder, Hochofen-Anstich in Vordernberg.

„Prinzenamtshaus" in Vordernberg. Bis 1565 Berg- und Marktgericht mit Pranger. Später Verwaltungssitz Erzherzog Johanns. (WV)

Stift Göß. (WV)

„Glöckelhof" in Tofaiach. (WV)

Stift Seckau in Obersteier, ab 1823 Sitz der Radmeistercommunität (zeitgenössische Ansicht).

Stift Seckau. (WV)

Der Brandhof, Sommersitz Erzherzog Johanns.

Erzherzog Johann von Österreich (1782–1859), Bildnis zusammen mit seiner Gattin Anna Maria Freifrau v. Brandhof (geborene Plochl) und seinem Sohn Franz Graf v. Meran vor seinem Gut Brandhof in der Steiermark. Original-Bleistiftzeichnung von Max Alois Lesznik, Spielmann bei der Regimentsmusik des k.k. Infanterieregiments Nr. 53. 1849. (NB 520.361)

Stift Stainz. (WV)

Hof des Stiftes Stainz. (WV)

Das Palais des Erzherzogs Johann von Österreich zu Graz. Familiengruppe mit Gemahlin und Sohn. (NB 523.963)

Graz, Palais Meran, Leonhardstraße 15. (WV)

Th. Ender. Die „Marianne" im Sturm am Schwarzen Meer, 3. Oktober 1837.

Das Haus Klosterwiesgasse 6, das erste Kinderspital von Graz. (WV)

Kirche St. Josef ob Stainz. (WV)

Schloß St. Johann ob Hohenburg. (WV)

Innenaufnahme der Kirche mit Altar von St. Josef ob Stainz. (WV)

Innenaufnahme der Kirche mit Altarbild von St. Johann ob Hohenburg. (WV)

Kampf um Recht und Freiheit – die Paulskirche in Frankfurt a. M., 1848.

Erzherzog Johann-Denkmal in Graz. (WV)

Erzherzog Johann von Österreich († 1859). Reiterbildnis mit einer Gruppe von Kavalleristen im Hintergrund. Lith. von Franz Xaver Zalder. (NB 508.189)

Die Wiener Revolutionäre huldigen Erzherzog Johann, Mai 1848. Lith. von Karl Lanzedelly. (NB 505.237)